SOUS PRESSE : Chantre et Choriste, vaudeville en un acte, de M. Varner.
La Rose jaune, comédie mêlée de couplets, par M. Léon Halévy

LA FRANCE
DRAMATIQUE
AU
DIX - NEUVIÈME SIÈCLE.

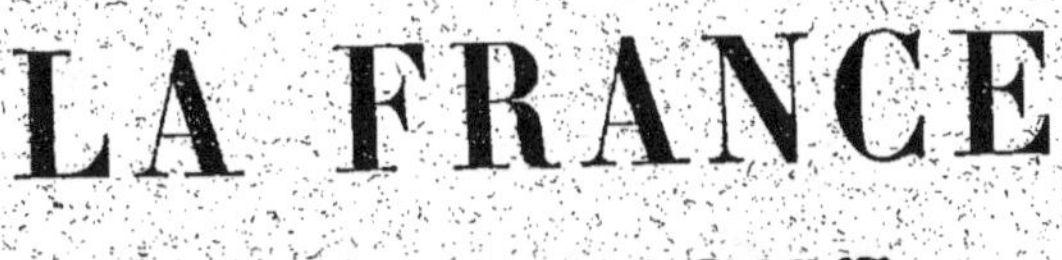

Renaissance.

CARTE BLANCHE,
COMÉDIE EN UN ACTE.

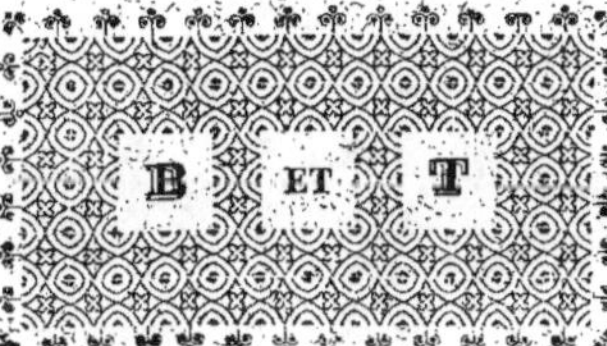

519.

PARIS.

J. - N. BARBA,	**BEZOU,**
AU PALAIS - ROYAL,	BOULEVART SAINT - MARTIN,
DERRIÈRE LE THÉATRE-FRANÇAIS.	ET RUE MESLAY, 34.

ET AU MAGASIN GÉNÉRAL DES PIÈCES DE THÉATRE ANCIENNES ET NOUVELLES,
de Ch. TRESSE, successeur de J.-N. BARBA,
galerie de Chartres, n° 2 et 3, derrière le Théâtre-Français, à côté de Chevet.

1839.

LA FRANCE
DRAMATIQUE
AU
DIX-NEUVIÈME SIÈCLE

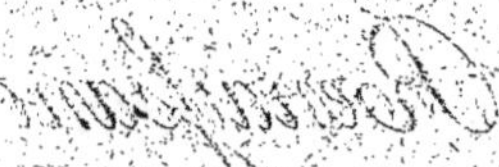

CARTE BLANCHE,
COMÉDIE EN DIX ACTES.

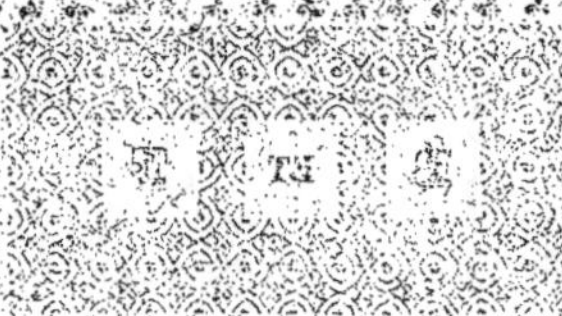

D ET V

419

PARIS.

J.-N. BARBA, | BEZOU,
AU PALAIS-ROYAL, | BOULEVART SAINT-MARTIN,
DERRIÈRE LE THÉATRE-FRANÇAIS. | ET RUE DE SEINE, N.

ET AU MAGASIN GÉNÉRAL DES PIÈCES DE THÉATRE ANCIENNES ET NOUVELLES,
de Ch. MAUDEL, successeur de J.-N. BARBA,
galerie de Chartres, nos 2 et 6, derrière le Théâtre-Français, à côté du Caveau.

1830.

CARTE BLANCHE,

COMÉDIE EN UN ACTE ET EN PROSE,

DE MM. LÉON HALEVY ET PAUL DUPORT,

Représentée pour la première fois, à Paris, sur le théâtre de la Renaissance, le 24 juillet 1839.

DISTRIBUTION DE LA PIÈCE.

DE VAUDREUIL...............................	MM. Montdidier.
DELANNOY, jeune officier.........................	Poizard.
DE KERSAINT, capitaine de corvette................	Henry.
JEAN, domestique de Vaudreuil.....................	Valnay.
Mme DE SAUZAY..............................	Mmes Théodore.
Mme DE FRESNEL	Jourdain.

La scène est à Paris, chez Vaudreuil.

Le théâtre représente un riche salon. Au fond, porte à deux battans. A la droite du public, porte communiquant à l'appartement de la mère de Vaudreuil. Du même côté, une table et tout ce qu'il faut pour écrire. A gauche, sur le premier plan, une fenêtre ; sur le second, une porte conduisant au jardin.

SCÈNE I.

VAUDREUIL, Mme DE FRESNEL.

Mme DE FRESNEL.

Comment, Vaudreuil, madame votre mère ?...

VAUDREUIL.

Partie pour sa campagne, près Saint-Brice.

Mme DE FRESNEL.

Et votre concierge qui néglige de m'en prévenir, c'est très mal !

VAUDREUIL.

Et pourquoi ?

Mme DE FRESNEL.

M'exposer à faire une visite à un garçon ! il mérite des reproches !

VAUDREUIL.

Ce ne sont pas les miens du moins... Au surplus, si vous ne veniez que pour ma mère, permettez-moi de vous conduire près d'elle, à Saint-Brice.

Mme DE FRESNEL.

C'est cela ! vous accorder dans ma voiture un tête à tête de deux heures !

VAUDREUIL.

Tant mieux !... Si on en médit, vous n'aurez qu'à le faire durer toute la vie.

Mme DE FRESNEL, riant.

Moyen expéditif !

VAUDREUIL.

Ai-je tort ?... Votre deuil ne vient-il pas de finir ? Pourquoi ajourner les espérances que vous m'aviez permis de concevoir ?

Mme DE FRESNEL.

Faut-il que je vous parle sincèrement ?

VAUDREUIL.

Sans doute... (Riant.) Vous n'êtes pas encore ma femme !

Mme DE FRESNEL.

Eh bien ! ce qui me fait hésiter à le devenir, c'est qu'entre nous vous jouissez d'une réputation... détestable !

VAUDREUIL.

Et que peut-on m'imputer ?

Mme DE FRESNEL.

Oh ! rien de sérieux !... Mais dans les salons, à nos théâtres, dès qu'on vous voit, c'est un chuchottement général : « Tenez, c'est lui, Vaudreuil, le garçon le plus influent, mêlé dans toutes les affaires, dans toutes les intrigues. »

VAUDREUIL.

Vous me confondez... Du crédit, j'en ai, il est vrai, j'en ai beaucoup ; mais pourquoi ?... rien de plus simple : en 1829, à vingt ans, maître d'un joli patrimoine, je me trouvai lancé parmi la jeune littérature d'alors, tous nos hommes d'état d'aujourd'hui. Plus spirituels que riches, ils acceptaient volontiers mes invitations au *Café de Paris;* ils faisaient les frais de saillies; moi ceux du Champagne. Je ne me doutais guère alors que je grisais une révolution future. En me voyant leur ami, pour réussir auprès d'eux, on s'est adressé à moi. D'autre part, ma position sociale me mettait à même de négocier bien des mariages. De tous les côtés, c'était à qui m'emploierait; et moi, je m'y suis prêté de bon cœur... Grace à l'habitude, c'est devenu une seconde nature, ou plutôt ma joie, mon plaisir... mais, je vous l'atteste, jamais je n'ai rien voulu, rien demandé, rien accepté pour moi... et on m'ose appeler intrigant !

Mme DE FRESNEL.

Justement... c'est peut-être pour cela...

VAUDREUIL.

Par exemple !

Mme DE FRESNEL.

Mais que voulez-vous qu'on pense, quand on voit que vous employez votre crédit pour des indifférens, pour le premier-venu?... car vous faites tout pour des étrangers... rien pour vous, rien pour vos amis véritables.

VAUDREUIL.

Ah ! madame !...

Mme DE FRESNEL.

Certainement.., Tenez, ce pauvre Delannoy pour qui vous deviez obtenir de l'avancement; eh bien ! il n'y a pas huit jours encore, il m'a écrit... il se plaint de vous...

VAUDREUIL.

C'est vrai !... je l'ai oublié !...

Mme DE FRESNEL.

Sans doute... vous traitez vos amis comme vous-même... Oh ! si je vous répétais ce que dernièrement me disait là-dessus votre mère !...

VAUDREUIL.

Ma mère !

Mme DE FRESNEL.

Oui, Vaudreuil, croyez-en son expérience. Dans le monde, on ne s'étonne, on ne se formalise jamais de voir un homme solliciter pour lui... c'est naturel... c'est de l'ambiton.

VAUDREUIL, gaîment.

Mais l'ambition est un vice.

Mme DE FRESNEL.

Et ce vice-là est la vertu du siècle... Mais se mettre sans cesse en avant pour le compte des autres (c'est toujours votre mère qui parle), c'est s'exposer à mille inconvéniens ; c'est faire des ingrats; souvent même se faire des ennemis de ceux qu'on oblige... Oui, Vaudreuil, il vous faut un poste honorable, un emploi qui vous captive, qui vous arrache aux obsessions dont vous êtes l'objet, et si ma main vous est chère... (Riant.) C'est maintenant moi qui vous parle... eh bien ! monsieur, ne fût-ce que pour vous corriger, c'est à ce prix que je la mets.

VAUDREUIL.

Ah ! tout autre sacrifice !.. mais pas celui-là !... c'est au dessus de mes forces ! je ne sais pas m'occuper de mes intérêts... je n'y pense même pas.

Mme DE FRESNEL.

Quand je vous en prie !.. à la fin c'est de l'égoïsme... Adieu.

VAUDREUIL.

Vous partez ?

Mme DE FRESNEL , s'arrêtant.

Au fait, pas encore... j'avais à vous demander... Dites-moi, ce placement qu'on me propose, et pour lequel vous deviez prendre des renseignemens?...

VAUDREUIL.

Ah ! mon Dieu ! je ne sais comment vous dire...

Mme DE FRESNEL.

Plaît-il ?

VAUDREUIL.

Pardon... mais, je vous aime tant... vous m'êtes si chère, que je ne puis m'empêcher de regarder vos intérêts comme les miens...

Mme DE FRESNEL.

Eh bien ?

VAUDREUIL.

Eh bien! c'est cause que je n'y ai plus songé du tout.

Mme DE FRESNEL.

En vérité on ne sait si on doit rire ou se fâcher avec vous.

VAUDREUIL.

Le rire vous va si bien.

Mme DE FRESNEL.

Mais il faut que je rentre pour écrire à mon notaire.

VAUDREUIL.

Que ne lui écrivez-vous dans l'appartement de ma mère ?

Mme DE FRESNEL.

Soit ; car pour vous punir, je vous emmène à la campagne, afin qu'elle vous gronde comme vous le méritez.

VAUDREUIL.

Ma foi, vous vous en acquittez comme elle !

Mme DE FRESNEL.

C'est que comme elle peut-être...

VAUDREUIL.

Achevez...

Mme DE FRESNEL.

Non, non, je ne sais plus ce que je voulais dire.

VAUDREUIL.

Au fait, cela vaut bien la peine d'être deviné.... (Il conduit Mme de Fresnel à la porte de droite, et lui baise la main. —Elle sort.)

SCÈNE II.

VAUDREUIL seul.

L'aimable femme que cette Mme de Fresnel !...

Mais ce qu'elle vient de me dire, est-ce possible?..
Moi, passer pour un intrigant! me faire des ennemis de ceux que j'oblige!... j'ai peine à croire...
n'importe, je me tiendrai sur mes gardes, et doréna-
vant, au lieu de me constituer l'agent d'affaires, le
pourvoyeur universel, une espèce de tout-à-tous...

SCÈNE III.
VAUDREUIL, JEAN.

JEAN, entrant.

Ouf! je n'en puis plus!

VAUDREUIL, s'étendant sur un fauteuil.

J'ai rendez-vous avec cet homme d'affaires pour
cette ferme de la Brie que ma mère veut vendre...
Ma foi, j'irai demain.

JEAN, à part.

J'irai demain! il dit cela tous les jours: il aime
mieux courir pour les autres!...

VAUDREUIL.

Ah! c'est toi, Jean! tu rentres bien tard!

JEAN.

Dam! monsieur, vous m'avez donné ce matin
une dizaine de commissions!... Encore si c'était
pour vous, si ça vous profitait!

VAUDREUIL.

Ne t'éloigne pas! j'aurai encore besoin de toi.

JEAN, d'un ton piteux.

Monsieur, il y a ici quatre grands fainéans de
laquais qui ne font jamais rien...

VAUDREUIL.

C'est qu'ils n'ont pas ma confiance; tandis que
toi, je t'estime...

JEAN, se frottant les jambes.

Je suis sensible à la confiance... et aux courba-
tures. Pour lors, je suis donc allé d'abord chez ce
petit jeune homme...

VAUDREUIL.

A qui je viens de faire avoir un surnumérariat...
Pauvre garçon!

JEAN.

Il était d'une joie!... Il m'a forcé de prendre
cette pièce de cent sous.

VAUDREUIL.

Il paraît que la reconnaissance est en raison in-
verse des avantages.

JEAN.

Après, j'ai remis à ce gros banquier la lettre
où vous lui annoncez qu'il est baron... Il ne m'a
rien donné celui-là!

VAUDREUIL.

Bah!... Au fait, c'est juste, un banquier!... Et
puis pour être baron, il n'y a pas de quoi!

JEAN.

Enfin, j'ai porté à ce coiffeur ce congé de ré-
forme que vous lui avez fait obtenir...

VAUDREUIL.

Et c'était assez difficile... Il a dû être ravi?

JEAN.

Joliment! ne voulait-il pas me jeter par la fenêtre!...

VAUDREUIL.

Hein! pour quel motif?

JEAN.

Voilà... Il tenait à ne pas partir, parce qu'il fait
la cour à une veuve qui a des écus... et monsieur
l'a fait exempter comme poitrinaire; si bien que
la veuve, qui l'a su, ne veut plus entendre parler
de lui... Aussi il faut l'entendre jurer, pester contre vous...

VAUDREUIL.

En vérité! (A part.) C'est une leçon; et je jure
bien que le premier solliciteur qui aura recours à
moi...

JEAN, à part.

Parbleu, puisque j'ai un maître qui rend tant de
services, si je me faisais aussi servir par lui. (Haut.)
Monsieur...

VAUDREUIL.

Qu'est-ce?

JEAN, à part.

Allons, ferme!... (Haut.) C'est pour vous dire...
qu'il y a quelqu'un à qui de voir les effets de votre
protection, ça a fait venir l'eau à la bouche... quelqu'un qui, pendant que vous faites pleuvoir les fa-
veurs sur tout le monde, aurait bien envie de se
mettre sous la gouttière...

VAUDREUIL.

Ce quelqu'un-là tombe mal... Ce matin encore,
je n'aurais pas hésité... mais je viens de me pro-
mettre tout à l'heure de ne plus protéger personne.

JEAN, à part.

Là... quand je dis que j'ai du guignon!.. (Haut.)
Quoi! personne absolument?

VAUDREUIL.

Du moins, sans y avoir regardé de très près.

JEAN, se rapprochant.

Eh bien! monsieur, regardez tout à votre aise...

VAUDREUIL, éclatant de rire.

Ah! ce pauvre Jean!... Comment! c'est pour
toi?

JEAN.

Oui, monsieur, une place de garde-champêtre...
C'est mon rêve, c'est mon ambition!

VAUDREUIL.

Mais tu gagnerais moins qu'ici.

JEAN.

Et l'honneur donc!... Je serais fonctionnaire
public!

VAUDREUIL.

Je te dis que c'est impossible!

JEAN.

Monsieur, une place de contrôleur à l'Opéra!...
Ça me serait même égal d'être bedeau.

VAUDREUIL, impatienté.

Va-t'en au diable! (Allant à la fenêtre.) Une voiture!... Eh! mais je ne me trompe pas, c'est madame de Sauzay!

JEAN.

Monsieur est-il visible ?

VAUDREUIL.

Sans doute... Ah ! tu vas entrer chez ma mère,
où Mme de Fresnel écrit une lettre... tu la prieras
de m'attendre un instant, et tu iras porter cette
lettre.

JEAN, à part.

La onzième d'aujourd'hui. (Haut.) Oui, monsieur. (A part.) J'y mourrais à la peine. Il me faut
une place... pour ne plus rien faire. (Il sort.)

VAUDREUIL seul.

Mme de Sauzay... notre cousine à la mode de
Bretagne... la provinciale la plus coquette !

SCÈNE IV.

Mme DE SAUZAY, VAUDREUIL.

Mme DE SAUZAY, à qui Jean ouvre la porte.

Mon cher Vaudreuil !...

VAUDREUIL.

Vous à Paris, belle cousine ; et depuis quand ?

Mme DE SAUZAY.

De cette nuit... logée à l'hôtel voisin... Et votre
mère ?

VAUDREUIL.

A Saint-Brice, où elle serait charmée de vous
recevoir.

Mme DE SAUZAY.

Oh ! si j'avais le temps... mais impossible... Vous
voyez en moi une solliciteuse.

VAUDREUIL.

A laquelle on ne peut rien refuser.

Mme DE SAUZAY, minaudant.

Vous croyez ? Eh bien ! donnez donc l'exemple !

VAUDREUIL.

Que voulez-vous dire ?

Mme DE SAUZAY.

Que j'ai compté sur votre crédit, et après l'enga-
gement que vous venez de prendre...

VAUDREUIL, à part.

Comme elle y va !

Mme DE SAUZAY.

Depuis mon veuvage, retirée à Cherbourg, je m'y
dévouais à l'éducation de mon fils... et c'est pour
lui...

VAUDREUIL.

Que vous voulez une place ?

Mme DE SAUZAY, piquée.

Fi donc !.. Est-ce que je puis avoir un fils qui
soit d'âge ?..

VAUDREUIL.

Ah ! c'est juste... Où avais-je donc les yeux en
parlant ?

Mme DE SAUZAY, flattée.

Ce bon Vaudreuil ! Ce n'est pas que j'aie des pré-
tentions... Mais enfin tout ce qu'il me faut pour cet
enfant, c'est une bourse dans un collège de Paris...
Mais, je vous en préviens cette faveur, je ne la veux
pas dans un mois, dans une semaine ; il me la faut
sans délai, demain, aujourd'hui...

VAUDREUIL.

Et pourquoi cette hâte ?

Mme DE SAUZAY.

Elle est nécessaire : je ne suis pas venue seule à
Paris ; j'y suis avec M. de Kersaint, capitaine de
corvette, qui arrive d'un voyage autour du monde,
et que je dois épouser en seconde noces.

VAUDREUIL.

Ah ! vous ne me disiez pas cela !

Mme DE SAUZAY.

Vous voyez bien que je vous le dis... Mon futur
époux va me conduire dans sa famille, à Nantes,
où aura lieu notre mariage... et là, au milieu de ses
nièces, de ses cousines... (Minaudant.) toutes jeunes
femmes de mon âge, qui vont me donner des bals,
des fêtes... emmener mon fils, l'exposer à des dis-
tractions !.. Je suis trop bonne mère pour y consen-
tir... D'autre part, il me faut un prétexte, une raison vis-à-vis de M. de Kersaint; sans cela il croirait,
bien à tort, bon Dieu ! que j'y mets de la coquet-
terie... et lui qui est d'un rigorisme, d'une sévé-
rité !... Au lieu que si je puis lui dire : « C'est une
bourse qu'on m'offre pour mon fils, une occasion
superbe... » Enfin vous comprenez ?

VAUDREUIL.

Parfaitement. La question est de réussir sans
retard...

Mme DE SAUZAY.

Et pour cela je vous persécuterai sans relâche.

VAUDREUIL.

Vous ne savez pas à quoi vous vous exposez.

Mme DE SAUZAY.

Pourquoi cela ?

VAUDREUIL.

C'est que j'ai une manière d'obliger qui ne con-
vient pas à tout le monde.

Mme DE SAUZAY.

Elle me conviendra.

VAUDREUIL.

Quand on me presse surtout, je ne vois que le
succès et je m'y dirige à tout prix.

Mme DE SAUZAY.

C'est ce qu'il me faut.

VAUDREUIL.

Ainsi vous me donnez carte blanche ?

Mme DE SAUZAY.

Belle question !... N'est-ce pas tout simple ?

VAUDREUIL.

Eh bien ! donnez-moi tous les papiers néces-
saires, les renseignemens... l'âge du jeune homme.

Mme DE SAUZAY.

Eh ! qu'est-il besoin de l'âge de l'enfant ?

VAUDREUIL.

C'est indispensable... Il me faut son acte de
naissance... (Appuyant.) le vôtre aussi...

Mme DE SAUZAY, avec effroi.

Le mien !...

VAUDREUIL.

Qu'avez-vous donc ?

Mme DE SAUZAY.

Rien, rien... Au moins ces papiers ne sortiront pas de vos mains?

VAUDREUIL.

Soyez tranquille...

Mme DE SAUZAY.

Je vais aller les prendre chez moi.

SCÈNE V.

LES MÊMES, M. DE KERSAINT.

M. DE KERSAINT, entrant.

Ah! madame, j'accourais vous chercher.

Mme DE SAUZAY.

Monsieur de Kersaint!...

VAUDREUIL.

Monsieur!

M. DE KERSAINT, à Vaudreuil.

Pardon, monsieur, de m'introduire chez vous si brusquement. Je sais que j'aurais dû attendre une présentation officielle... Mais vous m'excuserez, attendu l'urgence...

VAUDREUIL.

Comment donc!... Un futur cousin!

Mme DE SAUZAY, à M. de Kersaint.

Mais qu'est-il arrivé?

M. DE KERSAINT.

Ce maudit jeune homme! J'apprends à l'instant qu'il a suivi nos traces, qu'il a obtenu un congé... qu'il est ici.

Mme DE SAUZAY.

Quelle audace!

VAUDREUIL.

Quoi donc! ma cousine? quelque adorateur opiniâtre, quelque rival de monsieur de Kersaint?

M. DE KERSAINT, se posant d'un air martial.

Du tout, monsieur! Un rival... à moi!

Mme DE SAUZAY, à M. de Kersaint.

Allons, allons, du calme!... (A Vaudreuil.) Vous voyez, monsieur de Kersaint est d'une susceptibilité! c'est au point que j'ai eu mille peines à l'empêcher de faire un éclat dans cette affaire-ci.

VAUDREUIL.

Mais qu'est-ce donc?

Mme DE SAUZAY.

Une nièce à moi, orpheline, demeurée sous ma garde, jolie héritière de dix mille livres de rente, qui a inspiré un fol amour à un jeune officier de notre province... L'étourdi l'a compromise par les démarches les plus hasardées...

M. DE KERSAINT.

Ces officiers en garnison sont indisciplinables!

VAUDREUIL.

Oui, oui... j'en connais plusieurs de ce genre là... un entre autres, bon cœur... mais d'une fougue... d'une violence!.. Et cet amant, il ne plaît donc pas à votre nièce?

M. DE KERSAINT.

Elle est destinée au fils de madame.

VAUDREUIL.

Ah! (A part.) Au jeune enfant!

Mme DE SAUZAY.

Oui, j'aime ces unions de famille. C'est touchant... c'est patriarchal.

VAUDREUIL, à part.

Je conçois... quand il y a dix mille livres de rente. (Haut.) Permettez cependant, ma cousine; si la jeune personne est d'âge à faire des passions.

Mme DE SAUZAY.

A peine si elle a seize ans.

VAUDREUIL.

N'importe... la condamner à attendre longtemps encore votre fils.

M. DE KERSAINT.

Pas si long-temps; car enfin, quoique ce garçon n'ait que trois mois de plus qu'elle...

VAUDREUIL, à part.

Aïe! aïe!.. trois mois de plus!.. le jeune enfant a seize ans passés... Je vois pourquoi la chère cousine tient tant à ne pas l'avoir près d'elle à ses noces.

Mme DE SAUZAY.

Sans adieu, mon cher Vaudreuil. Je vous quitte pour aller donner des ordres, établir autour de ma nièce la plus grande surveillance...

M. DE KERSAINT, avec emphase.

Défendre tous les accès de la place!

Mme DE SAUZAY, bas à Vaudreuil.

Et je reviens à l'instant vous apporter les papiers en question.

VAUDREUIL, bas.

J'irai les prendre chez vous.

Mme DE SAUZAY, bas.

Non, non; M. de Kersaint y serait. Il est inutile qu'il se doute des démarches...

M. DE KERSAINT, à part.

Qu'ont-ils donc à se dire tout bas?

Mme DE SAUZAY, de même, à Vaudreuil.

Vous m'attendrez...

M. DE KERSAINT, prenant brusquement le bras de Mme de Sauzay.

Venez-vous, madame?

VAUDREUIL, baisant la main de Mme de Sauzay.

Au revoir donc, ma belle parente!

M. DE KERSAINT, à part.

Cet homme-là me déplaît souverainement. (Haut et brusquement.) Monsieur, à l'avantage...

VAUDREUIL, bas à Mme de Sauzay.

Surtout les actes de naissance!

Mme DE SAUZAY, bas.

Vous les aurez. (A part.) Ah! que de sacrifices un fils coûte à sa mère! (Elle sort avec M. de Kersaint.)

SCÈNE VI.

VAUDREUIL, puis JEAN.

VAUDREUIL.

Il a l'air bien aimable, le marin!... Au moins

cette fois-ci on ne dira pas que je me suis engagé en étourdi... mes précautions sont bien prises. J'ai carte blanche, ce mot-là répond à tout.

JEAN, entrant.

Ouf!

VAUDREUIL.

Ah! le voilà!... As-tu fait la commission de Mme de Fresnel?

JEAN.

Je viens de lui rapporter la réponse... Ah! les jambes!.. Elle a pris un livre en attendant monsieur.

VAUDREUIL.

Il faut que j'aille lui demander une heure; le temps de courir au ministère de l'instruction publique.

JEAN, à part.

Là! encore quelque nouvelle faveur qu'il va solliciter... encore si c'était pour lui ou pour moi!

VAUDREUIL.

Jean, mon tilbury.

JEAN.

Tout de suite? (Revenant.) Monsieur va donc au ministère de l'instruction publique?

VAUDREUIL.

Oui, pourquoi?

JEAN.

C'est que si monsieur voulait demander pour moi une place de garde-champêtre?

VAUDREUIL.

Oui, ce serait bien s'adresser!

DELANNOY, en dehors.

Annoncez-moi... il faut absolument que je lui parle.

VAUDREUIL.

Cette voix... Charles Delannoy! (Delannoy entre précipitamment; Jean sort.)

SCÈNE VII.

VAUDREUIL, DELANNOY.

VAUDREUIL, l'embrassant.

Eh! ce bon Charles! Ma foi, je ne sais si c'était un pressentiment de ta visite, mais tout à l'heure je pensais à toi.

DELANNOY.

Ce cher Vaudreuil!

VAUDREUIL.

Oui, on parlait d'officiers indisciplinables, et alors...

DELANNOY.

Ah! ne plaisante pas! Si tu savais!.. tu vois le plus malheureux des hommes!

VAUDREUIL.

Est-il possible?

DELANNOY.

Je viens recourir à ton amitié, à celle de Mme de Fresnel!.. Il faut que vous me sauviez.

VAUDREUIL.

Ce pauvre ami!

DELANNOY.

J'étais depuis deux mois à Cherbourg...

VAUDREUIL.

A Cherbourg! Ah! mon Dieu!

DELANNOY.

Eh bien, qu'as-tu donc?

VAUDREUIL.

Va toujours!

DELANNOY.

J'y devins épris de la plus charmante personne.

VAUDREUIL.

La nièce de Mme de Sauzay?

DELANNOY.

Précisément.

VAUDREUIL.

C'est cela! (A part.) Me voilà bien, moi, entre la tante qui me fait sa confidence, et l'amant qui me demande ses services!... Il faut que je trahisse la morale ou l'amitié... je trahirai la morale!

DELANNOY.

Mais tu sais donc?

VAUDREUIL.

Certainement! une jeune personne que tu as compromise par les démarches les plus hasardées.

DELANNOY.

Moi, la compromettre!... Ah! par exemple!... J'épiais en tremblant un mot, un geste, un sourire... Je la suivais au bal, au spectacle, à l'église, à la promenade... partout enfin! Mais la compromettre!...

VAUDREUIL.

Oui, oui, je vois que tu ne l'as pas du tout compromise... c'est peut-être comme cela dans l'artillerie de la marine.

DELANNOY.

Mais dis-moi d'abord... qui t'a instruit? Tu as vu ces dames? elles sont donc ici? tu leur as parlé?.. Mais réponds-moi donc?

VAUDREUIL.

D'abord, tu me demandes trop de choses à la fois.

DELANNOY.

C'est que tu es d'un sang-froid!

VAUDREUIL.

Et toi d'une vivacité!

DELANNOY.

Après une séparation si cruelle!

VAUDREUIL.

Tu es donc bien épris?

DELANNOY.

De mon Emma! Je vois bien que tu ne l'as jamais vue.

VAUDREUIL.

Et elle partage tes sentimens?

DELANNOY.

Elle ne me l'a jamais dit.., mais je suis sûr qu'elle m'aime, qu'elle m'adore!

VAUDREUIL.

Comme il est modeste!

DELANNOY.

Rien ne pourra nous séparer.

VAUDREUIL.

Eh bien, tranquillise-toi ; je te servirai.

DELANNOY.

Que tu es bon ! que tu es généreux !

VAUDREUIL.

Je te dis qu'Emma sera ta femme.

DELANNOY.

Mais pourquoi cela ?

VAUDREUIL.

Parce que Mme de Sauzay est ma parente ; parce que je sollicite pour elle ; parce que je l'ai vue ; parce qu'elle m'a parlé de toi...

DELANNOY.

Avec bonté ?

VAUDREUIL.

Avec fureur !

DELANNOY.

Tu vois donc bien, je suis perdu !

VAUDREUIL.

Tu n'es pas perdu.

DELANNOY.

Mais que faut-il faire ?

VAUDREUIL.

Rien... Attendre patiemment ; te calmer d'abord... Je réponds de tout.

DELANNOY.

Songe bien, Vaudreuil, que ce n'est pas une parole d'étourdi : si je n'obtiens pas Emma, je me brûle la cervelle.

VAUDREUIL.

Ne te presse pas ! Emma sera ta femme... Mais je prévois des refus, des obstacles... Faut-il que j'en triomphe à tout prix ?

DELANNOY.

Tu me le demandes ?

VAUDREUIL.

Tout ce que je dirai sera bien dit ?

DELANNOY.

C'est convenu.

VAUDREUIL.

Enfin, tu me donnes... carte blanche ?

DELANNOY.

En peux-tu douter ?

VAUDREUIL.

Bien, le reste est mon affaire... J'attends justement Mme de Sauzay.

DELANNOY.

Elle ici !.. chez toi !

VAUDREUIL.

Je te dis qu'elle me demande un service. Tu ne m'as donc pas entendu ?... Il ne faut pas qu'elle te voie ici ; descends au jardin.

DELANNOY.

Je t'obéis.

VAUDREUIL.

Surtout, pas d'imprudence ! et ne bouge pas sans mon ordre.

DELANNOY.

Je te le promets.

VAUDREUIL.

Attends avec patience... Sois bien calme.

DELANNOY.

Oui, je serai calme... Je le suis déjà.

VAUDREUIL.

Tu m'en as bien l'air !

JEAN, annonçant.

Madame de Sauzay.

VAUDREUIL, poussant Delannoy.

C'est elle... Sauve-toi donc !

DELANNOY.

Oh ! je crois que j'en mourrai de joie ! Adieu, Vaudreuil. Entre nous, vois-tu, c'est à la vie et à la mort ! (Il saute au cou de Vaudreuil, qui le fait sortir précipitamment par la porte du jardin.)

SCÈNE VIII.

VAUDREUIL, JEAN.

VAUDREUIL, à Jean.

Eh bien, fais entrer. (A part.) Et Mme de Fresnel qui s'impatiente !

JEAN.

Oui, monsieur. (Fausse sortie. Revenant sur ses pas et s'approchant mystérieusement de Vaudreuil.) Monsieur !

VAUDREUIL.

Eh bien, que veux-tu ?

JEAN.

Il y a un garde-champêtre qui est mort près de Longjumeau.

VAUDREUIL.

Encore ! C'est une monomanie.

JEAN, allant au fond.

Il avait trop chaud... il a bu...

VAUDREUIL.

Me laisseras-tu tranquille ?

JEAN, ouvrant la porte du fond.

Entrez, madame.

SCÈNE IX.

VAUDREUIL, Mme DE SAUZAY, des papiers à la main.

VAUDREUIL.

Quoi ! ma cousine, vous avez pris la peine ?..

Mme DE SAUZAY.

Je tenais à vous remettre moi-même ces papiers, pour être sûre qu'ils ne tomberaient pas en des mains indiscrètes. Vous trouverez tout sous ce pli, et maintenant je vous laisse.

VAUDREUIL.

Quoi ! si brusquement ?

Mme DE SAUZAY.

Vous savez bien qu'il faut que je surveille ma nièce, puisque ce jeune officier...

VAUDREUIL, à part.

Commençons l'attaque. (Haut.) Soyez tranquille. Je vous réponds que dans ce moment il n'y a pas le moindre danger qu'il s'introduise chez vous.

Mᵐᵉ DE SAUZAY.

Pourquoi cela?

VAUDREUIL.

Parce qu'il est ici.

Mᵐᵉ DE SAUZAY.

Ah! mon Dieu!.. Vous le connaîtriez?

VAUDREUIL.

C'est mon ami.

Mᵐᵉ DE SAUZAY, voulant sortir.

Laissez-moi partir... Vous allez me parler pour lui; c'est inutile.

VAUDREUIL.

Mais veuillez m'entendre...

Mᵐᵉ DE SAUZAY.

Voulez-vous mettre à prix vos services?

VAUDREUIL.

Ah! vous me jugez bien mal!

Mᵐᵉ DE SAUZAY.

Alors, ne me parlez jamais de ce jeune homme.

VAUDREUIL.

Vous le haïssez donc bien?

Mᵐᵉ DE SAUZAY.

Jamais il n'épousera ma nièce : il l'a compromise.

VAUDREUIL.

Raison de plus.

Mᵐᵉ DE SAUZAY.

Une héritière de dix mille livres de rente à un officier sans fortune!

VAUDREUIL.

Qui peut s'en faire une avec son épée... N'a-t-il pas de la bravoure, de l'esprit, des talens?

Mᵐᵉ DE SAUZAY.

C'est possible... Je ne lui refuse rien...

VAUDREUIL.

Excepté celle qu'il aime.

Mᵐᵉ DE SAUZAY.

Et qui est destinée à mon fils... vous le savez bien.

VAUDREUIL.

Mais vous voulez donc qu'il meure de désespoir?

Mᵐᵉ DE SAUZAY.

Ah! si vous me faites des lieux communs et du romantisme, c'est bien usé, même en province... On ne meurt plus d'amour, vous le savez bien... Obligez-moi, ou ne m'obligez pas, vous en êtes le maître... mais ne me parlez plus de votre ami, ou je me retire à l'instant.

VAUDREUIL, à part.

Allons! un coup de tête! ou Delannoy est mort. (Haut, tragiquement.) Madame de Sauzay!

Mᵐᵉ DE SAUZAY, de même.

Monsieur de Vaudreuil!

VAUDREUIL.

Si ce mariage était nécessaire!

Mᵐᵉ DE SAUZAY.

Plaît-il?

VAUDREUIL.

S'il n'était plus temps de vous y opposer!

Mᵐᵉ DE SAUZAY.

Grand Dieu!

VAUDREUIL.

S'il y allait de l'honneur de votre famille!

Mᵐᵉ DE SAUZAY.

N'achevez pas... Comment! il vous aurait dit?..

VAUDREUIL.

Ne poussez pas au désespoir un généreux jeune homme...

Mᵐᵉ DE SAUZAY.

Qui couvre mon nom d'opprobre...

VAUDREUIL.

Qui veut réparer sa faute...

Mᵐᵉ DE SAUZAY.

Sa faute! Ah! j'en aurai une attaque de nerfs... Ma tête se perd... j'en mourrai!...

VAUDREUIL, à part.

Pauvre femme!... elle me fait de la peine!... Mais aussi ce pauvre garçon!

Mᵐᵉ DE SAUZAY.

Mon Emma si vertueuse, si sage! que j'ai élevée dans mes principes!...

VAUDREUIL, à part.

C'est peut-être pour ça. (Haut.) Ma bonne madame de Sauzay, remettez-vous! (A part.) Je m'attendris aussi, moi!

Mᵐᵉ DE SAUZAY.

Mais je l'ai chassé!

VAUDREUIL.

Mais il revient!

Mᵐᵉ DE SAUZAY.

Mais je l'ai traité avec mépris!

VAUDREUIL.

Mais il oublie tout!... Il veut votre nièce, et rien de plus...

Mᵐᵉ DE SAUZAY.

Mais monsieur de Kersaint, avec son fanatisme d'honneur!

VAUDREUIL.

Il ne saura rien... Dites que vous vous êtes laissé fléchir par mes prières, que j'ai pleuré, que vous avez pleuré, enfin que nous avons tous pleuré!... La sensibilité explique tout... (Appuyant.) chez une jeune et jolie femme!

Mᵐᵉ DE SAUZAY, minaudant.

Ah! mon ami, que vous savez bien consoler!

VAUDREUIL.

Je cours chercher Delannoy, l'amener à vos pieds.

Mᵐᵉ DE SAUZAY.

Arrêtez... dans l'état où sont mes nerfs... je ne saurais supporter une telle entrevue... plus tard... tantôt...

VAUDREUIL.

Eh bien! écrivez-lui!

Mᵐᵉ DE SAUZAY.

Oui, je suivrai vos conseils! (Pressant les mains de Vaudreuil.) Mon cher monsieur de Vaudreuil!

VAUDREUIL, pariodant son ton pathétique.

Ma chère madame de Sauzay! (A part.) Décidément, je vais pleurer aussi... moi! (Transition brusque.) Voilà des plumes, du papier...

Mᵐᵉ DE SAUZAY, assise, écrivant.

« Monsieur, après la fatale confidence... »

VAUDREUIL, vivement.

Non, non... c'est inutile... Une lettre toute simple... pas d'irritation.

Mᵐᵉ DE SAUZAY.

Vous avez raison ; mais je ne sais que mettre...
Ah ! ma tête !.. ma tête !... (Écrivant.) « Monsieur,
après le funeste aveu... »

VAUDREUIL.

Mais c'est la même chose.

Mᵐᵉ DE SAUZAY, recommençant à écrire.

« Monsieur, après tout ce que m'a dit M. de
Vaudreuil... »

VAUDREUIL, vivement.

C'est cela... c'est cela. (A part.) Ça ne me com-
promet pas.

Mᵐᵉ DE SAUZAY, continuant d'écrire.

» Je ne puis vous refuser ma nièce...

VAUDREUIL.

Très bien !

Mᵐᵉ DE SAUZAY.

» Laissez-moi deux heures pour calmer mon
» émotion !...

VAUDREUIL.

C'est tout naturel !

Mᵐᵉ DE SAUZAY.

» Puissiez-vous réparer le mal que vous m'avez
» fait !... »

VAUDREUIL, vivement, pendant que Mᵐᵉ de Sauzay
ferme sa lettre.

Il le réparera ! il réparera tout le mal qu'il a
fait ! je vous en réponds. (A part.) Il n'aura pas
de peine ! (Il prend la lettre.)

Mᵐᵉ DE SAUZAY.

Maintenant, veuillez me reconduire à mon hôtel... je suis si émue... si bouleversée !...

VAUDREUIL, à part.

Ah ! mon Dieu ! et Mᵐᵉ de Fresnel qui m'attend !

Mᵐᵉ DE SAUZAY.

Puis, vous irez au ministère plaider la cause de
mon fils.

VAUDREUIL, à part.

Allons ! je n'en sortirai pas. (Il sonne.) (Haut.)
Jean !

JEAN, entrant.

Monsieur a sonné ?

VAUDREUIL.

Cette lettre à remettre !

JEAN, à part.

La douzième ! et toujours pour les autres !

VAUDREUIL, bas à Jean.

Ici... au jardin. (A Mᵐᵉ de Sauzay, lui baisant la
main.) Venez-vous ?

Mᵐᵉ DE SAUZAY, comme précédemment.

Mon cher monsieur de Vaudreuil !

VAUDREUIL, de même.

Ma chère madame de Sauzay !

(Vaudreuil et Mᵐᵉ de Sauzay sortent par le fond.)

SCÈNE X.

JEAN, Mᵐᵉ DE FRESNEL.

Mᵐᵉ DE FRESNEL, qui sort de l'appartement à droite.

Qu'ai-je vu ?

JEAN, à part.

Au moins, il lui a baisé la main... il a ça pour
lui, ça me console.

Mᵐᵉ DE FRESNEL, à elle-même.

Vaudreuil.. me faire prier de l'attendre chez sa
mère, et au bout d'une heure, quand je perds patience, c'est avec une femme que je le trouve !
une femme qui sort avec lui, et bien familière-
ment, ce me semble !

JEAN, lisant l'adresse de la lettre.

« A M. Delannoy... » Heureusement que ce
n'est pas loin ! il est au jardin. (Il va pour sortir.)

Mᵐᵉ DE FRESNEL.

Jean !

JEAN.

Madame ?

Mᵐᵉ DE FRESNEL.

Ton maître ne t'a chargé de rien pour moi ?

JEAN.

Mon Dieu ! non ; mais ce ne peut être qu'un
oubli... dans le feu de la conversation...

Mᵐᵉ DE FRESNEL.

Il était donc bien occupé avec cette dame ?

JEAN.

C'est probable. Voilà la seconde fois d'aujour-
d'hui qu'elle revient.

Mᵐᵉ DE FRESNEL.

La seconde ! est-ce que je vous demande cela ?
(Plus doucement.) Sais-tu quelle est cette dame ?

JEAN.

Une solliciteuse, je présume, car monsieur va
courir pour elle au ministère.

Mᵐᵉ DE FRESNEL, à part.

Et moi qui lui reprochais ce matin ses démarches désintéressées... peut-être le sont-elles moins
que je ne le croyais. (Haut.) Est-ce qu'elle est jolie ?

JEAN.

Ah ! pour ça, des yeux... une physionomie ! J'aurais bien voulu être à la place de monsieur quand
il lui a baisé la main.

Mᵐᵉ DE FRESNEL.

Ah ! il a...

JEAN.

Tiens ! c'est bien le moins ! s'il use notre crédit
pour elle, faut bien qu'il nous en rentre quelque
chose !

Mᵐᵉ DE FRESNEL, à part.

Je ne resterai pas une minute de plus ici. (Elle
va pour sortir.)

JEAN.

Madame n'attend pas mon maître pour partir à
la campagne ?

Mᵐᵉ DE FRESNEL.

Non, je rentre chez moi.

JEAN.

A propos de campagne, dites donc, madame, il n'est pas encore mort, votre garde-champêtre?

Mme DE FRESNEL.

Il va mieux.

JEAN, à part.

Vieil intrigant!

Mme DE VAUDREUIL, à part.

Sortons... et si Vaudreuil ose venir me chercher...   (Fausse sortie.)

SCÈNE XI.

LES MÊMES, DELANNOY.

DELANNOY, entrant par la porte du jardin.

(A part.) Je viens de les voir sortir ensemble, et j'ignore...

JEAN.

Ah! monsieur... cette lettre pour vous!

DELANNOY, vivement, sans voir Mme de Fresnel.

Eh! donne donc! (Jean sort.) (Ouvrant la lettre et la parcourant. — Avec une explosion de joie.) Qu'ai-je lu?

Mme DE FRESNEL.

Eh! mais, c'est monsieur Delannoy!

DELANNOY, avec transport.

Madame de Fresnel!... Ah! madame, si vous saviez! Vaudreuil est le meilleur, le plus affectueux des hommes!

Mme DE FRESNEL.

Pour affectueux, je n'en doute pas... Tout à l'heure encore, en tête à tête avec une dame...

DELANNOY.

Ah! vous savez!...

Mme DE FRESNEL.

Sans doute, et l'entretien le plus long, le plus animé...

DELANNOY.

Comme c'est bien de sa part!

Mme DE FRESNEL.

Et il a fini par lui baiser la main avec une chaleur!...

DELANNOY.

Je le reconnais bien là... Je n'oublierai jamais un pareil dévoûment!

Mme DE FRESNEL.

Plaît-il?

DELANNOY.

Oui, madame, oui... c'est pour moi, c'est mon mariage qu'il négociait.

Mme DE FRESNEL.

Votre mariage! (A part.) Ah! ça me rassure un peu. (Haut.) Ainsi, c'est pour vous faire obtenir la main de cette dame...

DELANNOY.

La main de sa nièce... ne confondons pas!

Mme DE FRESNEL.

Ah! (Avec intention.) N'importe, je vous félicite, car, s'il faut juger de votre prétendue par sa tante... (Appuyant.) qu'on dit très jolie...

DELANNOY.

Mme de Sauzay!... mais oui, elle est encore fort bien...

Mme DE FRESNEL, avec joie.

Encore!... (Se reprenant.) Ah! vous autres jeunes gens, dès qu'une femme n'a plus vingt ans!...

DELANNOY.

Si vous disiez trente!

Mme DE FRESNEL.

Quoi!... cette dame...

DELANNOY.

Et même trente-six!...

Mme DE FRESNEL, à part.

Je respire tout à fait. (Haut.) Ce pauvre Vaudreuil! Vous avez bien raison... c'est le meilleur cœur...

DELANNOY.

Oh! si je pouvais le récompenser du service que je lui dois!...

Mme DE FRESNEL, à part.

Et qui a manqué de lui coûter cher. (Haut.) Le récompenser!... vous auriez de la peine... il ne veut rien... J'ai eu beau le sermonner ce matin encore... et pourtant... une occasion superbe, dont sa résistance m'a empêché de lui parler. Je vous en fais juge : hier j'ai appris la vacance d'une recette générale; sur-le-champ, sans l'en prévenir, je l'ai demandée pour lui. J'ai fait appuyer la demande par mon oncle, le comte d'Hérouville...

DELANNOY.

Pair de France?

Mme DE FRESNEL.

Eh bien, l'affaire ne réussira pas, parce que je ne puis déterminer votre ami à agir lui-même!

DELANNOY.

Cependant, avec une protection aussi puissante...

Mme DE FRESNEL.

Non, cela ne suffira pas, vous dis-je! on veut qu'il se mette sur les rangs, qu'il témoigne positivement que cette faveur lui sera agréable. Au fait, c'est tout naturel... il ne veut pas s'accommoder aux mœurs du temps... il demande toujours sans rien prendre...

DELANNOY.

Tandis qu'il y en a tant qui prennent sans demander... Eh! mais, attendez donc!... Quelle idée!...

Mme DE FRESNEL.

Quoi donc?

DELANNOY.

Il est si bon que je voudrais le servir malgré lui!

Mme DE FRESNEL.

Et comment?

DELANNOY.

Si, en lui faisant croire qu'il agit pour un autre, on le faisait agir pour lui?...

Mme DE FRESNEL.

Mais vous avez raison!... je n'y avais jamais songé!

DELANNOY.

N'est-ce pas son tilbury qui rentre?

Mme DE FRESNEL , regardant à la fenêtre.

Oui , c'est lui !... il monte par le petit escalier... je me sauve...

DELANNOY.

Vous dites qu'il s'agit d'une recette générale...

Mme DE FRESNEL.

Une recette superbe ! Les Bouches-du-Rhône !

DELANNOY, très vivement.

Demandée pour lui par...

Mme DE FRESNEL, de même.

Par moi, madame de Fresnel...

DELANNOY, de même.

Et le comte de...

Mme DE FRESNEL , de même.

Le comte d'Hérouville.

DELANNOY.

Cela suffit.

Mme DE FRESNEL.

Adieu !   (Elle sort.)

SCÈNE XII.

DELANNOY , seul.

Quel bonheur , si je pouvais lui rendre service pour service !

SCÈNE XIII.

DELANNOY , VAUDREUIL.

VAUDREUIL.

Victoire ! mon ami ! le jeune homme aura la pension !

DELANNOY.

Et moi, j'aurai la nièce !... Tiens, lis ce que m'écrit Mme de Sauzay !

VAUDREUIL , vivement.

Ce n'est pas la peine !

DELANNOY.

Mais comment as-tu fait pour vaincre sa résistance ?

VAUDREUIL.

Je n'ai pas besoin de te le dire... (A part.) Il le saura bien assez tôt...

DELANNOY.

Tu as dû agir bien habilement !

VAUDREUIL.

Oh ! je t'en réponds !...

DELANNOY.

Quelle reconnaissance ne te dois-je pas !

VAUDREUIL.

Tu es donc heureux ?

DELANNOY.

Je crois que j'en mourrai de joie !

VAUDREUIL.

Eh bien ! tout le monde est content , car de mon

côté j'ai réussi, et j'ai fait prévenir Mme de Sauzay... Ma foi, j'ai emporté la chose d'assaut ! Il est vrai que j'y ai mis un feu, une adresse !... j'ai attendri le chef de division... j'ai fait pleurer le garçon de bureau ! on eût dit un père plaidant la cause de son enfant !... Aussi tu ne t'imaginerais jamais ce qu'ils ont supposé !...

DELANNOY.

Quoi donc ?

VAUDREUIL.

Je te dirai ça plus tard... Ma foi ! je ne les ai pas démentis... l'affaire était manquée... et puis , d'ailleurs , j'avais carte blanche. Maintenant, mon ami , sans façon, je te quitte. Il y a là une dame qui m'attend.

DELANNOY.

Mme de Fresnel...

VAUDREUIL.

Tu l'as vue ?

DELANNOY.

Elle vient de sortir.

VAUDREUIL , surpris.

Quand je rentre pour la conduire à la campagne de ma mère !

DELANNOY.

Une affaire urgente, à ce qu'elle m'a dit : des démarches dont elle s'est chargée...

VAUDREUIL.

Elle?...

DELANNOY.

Oui... une place à obtenir.

VAUDREUIL.

Pas possible !... quand ce matin encore elle me chapitrait sur ma manie de rendre service !

DELANNOY.

Eh bien ! cela n'empêche pas : elle voulait te demander quelque chose pour elle ; mais elle t'a trouvé si mal disposé , si négligent pour ses intérêts...

VAUDREUIL , vivement.

Quelque chose pour elle !... Ah ! parle donc !... N'est-elle entrée dans aucun détail ?

DELANNOY, d'un air indifférent.

Si fait... vaguement... Mais je n'ai pas fait grande attention , je te l'avoue... Attends, cependant... (Cherchant.) Oui , il était question d'une recette générale... celle de Marseille... qu'elle a demandée pour quelqu'un, de concert avec son parent... le comte d'Hérouville.

VAUDREUIL.

Alors, ça dépend du ministère des finances... J'ai par là un ami tout puissant à qui j'ai rendu dans le temps certain service dont il ne se souvient plus , depuis qu'il est millionnaire. C'est un garçon d'esprit ; il me comprendra : pétition vaut quittance.

DELANNOY.

Tu voudrais sacrifier ?..

VAUDREUIL.

Pour Mme de Fresnel !... Le nom de son protégé ?...

DELANNOY, à part.

Nous y voilà!... (Haut, ayant l'air de chercher.) Maudite mémoire!... Tu vas me gronder : je l'ai oublié.

VAUDREUIL.

Fâcheux contre-temps!...

DELANNOY.

Sans doute : les instans sont si précieux en pareil cas... (Avec une indifférence affectée.) Mais elle t'en reparlera.

VAUDREUIL.

Oh! ce n'est plus la même chose... J'aurais écrit tout de suite : cela m'aurait réconcilié avec Mme de Fresnel qui me boude...

DELANNOY, vivement.

Certainement, elle est très piquée contre toi!

VAUDREUIL.

J'aurais tenu beaucoup à lui faire cette surprise. Aussi comment diable vas-tu oublier?...

DELANNOY.

C'est de ta faute : tu m'as rendu si heureux!.. Mais ne pourrais-tu te passer du nom?

VAUDREUIL.

Impossible!

DELANNOY.

Pourquoi?... Si tu disais, par exemple... qu'il s'agit de la recette générale demandée au ministre par Mme de Fresnel et par le comte d'Hérouville?

VAUDREUIL.

Ah! tu as raison.

DELANNOY.

Si tu disais... que tu t'intéresses vivement au postulant?

VAUDREUIL, vivement.

C'est cela : je mettrai le postulant.

DELANNOY.

Si tu ajoutais... que tu seras très reconnaissant de ce choix, que tu le regarderas comme une faveur personnelle?...

VAUDREUIL.

C'est cela... (Se mettant à son bureau.) Sois tranquille, je tiens ma lettre... Mme de Fresnel sera flattée de mon zèle, de mon empressement... Je mettrai le postulant.

DELANNOY, vivement.

Tu mettras le postulant!

VAUDREUIL.

Oui, mais quel homme est-ce?... Il faut au moins que je parle de ses qualités, de son caractère.

DELANNOY.

Oh! c'est un homme excellent, à ce qu'elle m'a dit : famille honorable... de la probité, enfin toutes les garanties... et puis de la fortune...

VAUDREUIL.

Ah! ça va sans dire, puisqu'il vise à une place lucrative... c'est qu'il est riche!... Et, avec cela, pas de défauts?

DELANNOY.

Ah! si, si!... des défauts, beaucoup de défauts...

Tiens, il te ressemble... il est fier, orgueilleux... n'aime pas demander pour lui-même... et puis, il est paresseux, mais très paresseux... quand il est question d'agir pour lui.

VAUDREUIL.

Ceci achève de le recommander à mes yeux... Tu vas voir de quel style je vais l'appuyer... Louer toujours, c'est trop commun... c'est suspect... moi, je dis du mal des gens pour les servir... cela donne un air d'impartialité qui fait bien. (Écrivant.) « Mon » cher ami, Mme de Fresnel et M. le comte de...

DELANNOY.

D'Hérouville.

VAUDREUIL.

Ah! oui... « Ont demandé à ton ministre la re-» cette générale de Marseille pour une personne » dont j'appuie vivement la candidature. »

DELANNOY.

C'est cela!

VAUDREUIL.

« Le postulant est un homme capable... un peu » paresseux... »

DELANNOY.

Mais, non!

VAUDREUIL.

Laisse donc... ça fera bien... c'est une recom-mandation au ministère .. « Un peu paresseux, » mais plein d'honneur et de loyauté. Je compte » sur ton amitié pour décider sa nomination. Ce » que tu feras pour lui, ce sera le faire pour moi. »

DELANNOY, à part.

Il ne croit pas si bien dire!... quand je lui au-rais dicté...

VAUDREUIL, sonnant.

Jean!

JEAN, entrant en scène.

Monsieur!

VAUDREUIL, continuant à écrire.

Cette lettre que j'achève... au ministère des finances.

JEAN, à part.

La treizième!... Eh bien, ça lui portera malheur, à celle-là...

(Il s'assied dans un fauteuil au fond du théâtre, et s'endort.)

DELANNOY, regardant à sa montre.

Mon ami... voici l'heure fixée par Mme de Sau-zay... tu m'excuses.

VAUDREUIL, pendant qu'il ferme et cachète la lettre.

Parbleu!... Ah! dis donc, où en étais-tu avec la jeune personne?

DELANNOY.

Je ne te l'ai pas caché... quelques mots échan-gés, quelques visites... qu'on m'a bientôt forcé d'interrompre... puis une intelligence de regards, de sourires...

VAUDREUIL.

Ainsi, jamais autre chose... Là... sois bien franc...

DELANNOY, vivement.

Tu m'offenses.

VAUDREUIL, à part.

Allons, j'ai menti... mais je l'ai marié!... Il ne s'attend pas aux reproches qu'on va lui faire! -

DELANNOY, à part.

Il a écrit!... Je cours près de mon Emma!

(Il sort précipitamment.)

VAUDREUIL, se levant et voyant Jean endormi, en lui frappant l'épaule.

Eh bien! tu dors, toi?

JEAN, s'éveillant en sursaut.

Votre permis, monsieur! votre permis?

(Il reste tout interdit.)

VAUDREUIL.

Es-tu imbécile?

JEAN.

J'étais garde-champêtre!

VAUDREUIL.

Va porter cette lettre.

JEAN, à part.

Si au moins c'était pour lui!...   (Il sort.)

SCÈNE XIV.

VAUDREUIL, seul.

Ah! quelle journée!... que d'agitations! que de démarches! Je devais pourtant passer chez mon agent de change pour cette opération sur les valeurs espagnoles!... Ma foi, au diable les affaires! j'irai demain!

SCÈNE XV.

VAUDREUIL, M. DE KERSAINT.

M. DE KERSAINT, dans la coulisse.

C'est bien... c'est bien... je saurai m'annoncer moi-même.

VAUDREUIL.

M. de Kersaint!... Ah! je comprends! il sait déjà ce que j'ai fait pour son beau-fils... une visite de remerciemens...

M. DE KERSAINT, entrant en scène. (A part.)

Le voilà!... il faudra bien qu'il s'explique!... (D'un ton belliqueux.) Nous verrons s'il persistera à soutenir qu'il est le père de l'enfant...

VAUDREUIL.

Mon futur cousin...

M. DE KERSAINT.

Monsieur...

VAUDREUIL.

Je devine le but de votre visite... Mais à quoi bon prendre cette peine?... Ne me remerciez pas, monsieur, je vous en prie.

M. DE KERSAINT, à part.

Le remercier!... ah! bien, par exemple!

VAUDREUIL.

Ce que j'ai fait, monsieur, j'ai eu le plus grand plaisir à le faire.

M. DE KERSAINT, vivement.

Je n'en doute pas...

VAUDREUIL.

Et je serais tout prêt à recommencer.

M. DE KERSAINT.

C'est trop de bonne volonté!

VAUDREUIL.

Mme de Sauzay vous a donc appris...

M. DE KERSAINT.

Oui, monsieur... elle venait de m'annoncer, avec quelque embarras, que vos instances avaient changé ses vues sur sa nièce, et j'admirais, sans la comprendre, votre influence sur son esprit, lorsqu'elle reçoit tout-à-coup un message de votre part : elle l'ouvre!... et d'un air d'étonnement..... « Quel » bonheur pour mon fils! s'écrie-t-elle, voyez » donc quelle surprise me ménageait ce cher Vau- » dreuil! » Je lis, et je ne suis pas en effet moins surpris qu'elle d'un si vif intérêt; car il y avait dans tout cela quelque chose d'étrange, dont j'ai voulu pénétrer le mystère... Heureusement, nous avons aussi des amis dans les bureaux...

VAUDREUIL.

Eh bien?

M. DE KERSAINT.

Eh bien! je m'y suis rendu sur-le-champ... et, amenant la conversation sur vous, sur Mme de Sauzay, sans avoir l'air de m'y intéresser, j'ai appris...

VAUDREUIL, à part.

Aie!... aie!... Le diable de capitaine!... je n'y avais pas songé!...

M. DE KERSAINT, appuyant.

J'ai appris qu'en signant pour le fils de Mme de Sauzay la faveur que vous sollicitiez, on avait cru vous accorder une grace... (Articulant.) toute personnelle.

VAUDREUIL.

Permettez...

M. DE KERSAINT.

Et qu'enfin vous avez laissé croire...

VAUDREUIL.

J'ai dit le contraire...

M. DE KERSAINT.

Légèrement peut-être, pour mieux persuader...

VAUDREUIL.

J'ai nié par deux fois!

M. DE KERSAINT.

C'est cela... en pareil cas, deux négations valent...

VAUDREUIL.

Ah! monsieur, c'en est trop! Je ne sais ce qu'on a pu vous dire au ministère; mais ce qu'il y a de sûr...

M. DE KERSAINT.

Ce qu'il y a de sûr, monsieur, c'est qu'on a vu en vous un père sollicitant pour son enfant.

VAUDREUIL.

Qu'est-ce que cela prouve?... sinon la chaleur de mes démarches.

M. DE KERSAINT.

Preuve extrêmement agréable pour moi, et dont je serai charmé de vous témoigner (*D'un ton belliqueux.*) ma reconnaissance...

VAUDREUIL.

Plaît-il ?... Si c'était de vous que Mme de Sauzay fût veuve, je concevrais vos plaintes; mais...

M. DE KERSAINT.

Mais, en l'épousant en secondes noces, je continue son premier mari... je deviens solidaire de tout le passé, et en conséquence...

VAUDREUIL.

Vous voulez une rencontre ?.. Soit... c'est une manière comme une autre de commencer la parenté...

M. DE KERSAINT, *avec chaleur.*

Je veux une réparation pour Mme de Sauzay.

VAUDREUIL, *de même.*

Eh bien! monsieur, vous l'aurez!

M. DE KERSAINT.

Mes témoins sont en bas.

VAUDREUIL.

J'aurai les miens!

M. DE KERSAINT.

Le lieu du rendez-vous ?...

VAUDREUIL.

A votre choix!

M. DE KERSAINT.

Quelles seront vos armes?

VAUDREUIL.

Ce seront les vôtres.

M. DE KERSAINT.

Venez, monsieur!

VAUDREUIL, *prenant son chapeau, à part.*

Obligez donc!... (*Au moment où ils vont sortir par le fond, ils se rencontrent avec Delannoy, qui entre.*)

SCÈNE XVI.

DELANNOY, à Vaudreuil.

Ah! je te retrouve enfin!

VAUDREUIL.

Parbleu! tu arrives à propos... Je me bats avec monsieur, tu vas me servir de témoin.

DELANNOY.

Quand d'abord tu m'auras donné satisfaction.

VAUDREUIL, *stupéfait.*

Comment, et lui aussi!

M. DE KERSAINT, *à Delannoy.*

Monsieur, je me suis présenté le premier... et j'exige...

DELANNOY, *à M. de Kersaint.*

Monsieur, mon offense est la plus grave.

VAUDREUIL, *à part.*

Vous allez voir qu'ils vont se battre pour savoir qui me tuera le premier. (*A Delannoy.*) Et de quoi diable te plains-tu?

DELANNOY.

De quoi je me plains?... Tu me le demandes, quand tu m'as calomnié auprès de Mme de Sauzay!

VAUDREUIL, *à part.*

Là! à son tour maintenant!

DELANNOY.

Lui présenter ce mariage comme indispensable! Attaquer l'honneur de sa nièce!

M. DE KERSAINT, *à part.*

Qu'est-ce que j'entends là?

VAUDREUIL.

Mais c'était le seul moyen de triompher d'elle.

DELANNOY.

N'importe.

VAUDREUIL.

Tu voulais te tuer.

DELANNOY.

Il fallait me laisser faire.

M. DE KERSAINT, *hors de lui.*

Comment! ce qui aurait décidé Mme de Sauzay, c'est qu'on lui a fait confidence (*Montrant Delannoy.*) que monsieur...

DELANNOY, *à M. de Kersaint.*

Confidence!... Un pareil mot... Douteriez-vous de ma parole?

M. DE KERSAINT.

Jeune homme! après ce que vous avez fait... on a le droit de vous accuser.

DELANNOY.

Et moi, j'ai le droit de punir un mot offensant!

M. DE KERSAINT, *montrant Vaudreuil.*

Si vous êtes innocent, monsieur est doublement coupable, car il a trompé Mme de Sauzay.

VAUDREUIL.

Êtes-vous juge de mes actions?

DELANNOY.

Il m'a calomnié.

M. DE KERSAINT.

Il a dit vrai.

VAUDREUIL et **DELANNOY,** *ensemble.*

Monsieur!

M. DE KERSAINT.

Messieurs!

TOUS TROIS.

Vous me ferez raison!

VAUDREUIL.

Là!... Nous allons nous battre tous les trois... ça sera plus drôle!

VAUDREUIL, *sonnant.*

Jean! (*Jean entre.*) Mes pistolets! mes épées!

JEAN, *effrayé.*

Comment, monsieur!

VAUDREUIL.

Va donc!

JEAN, *à part, en sortant.*

Cette fois, au moins, c'est pour lui.

SCÈNE XVII.
VAUDREUIL, DELANNOY, M. DE KERSAINT, Mme DE FRESNEL, JEAN.

VAUDREUIL.

Mme de Fresnel! (Bas à Delannoy et à M. de Kersaint.) Pas un mot, messieurs, devant cette dame.

Mme DE FRESNEL.

Eh bien, monsieur de Vaudreuil, êtes-vous prêt? Ma voiture est en bas; pouvez-vous m'accompagner chez votre mère, à Saint-Brice?

VAUDREUIL, avec embarras.

Certainement... je suis à vos ordres.

Mme DE FRESNEL, à part.

Comme il est troublé!

JEAN, rentrant avec les épées et la boîte à pistolets.

Voici, monsieur.... (D'une voix larmoyante.) les épées... les pistolets!

VAUDREUIL, à part.

Maladroit!

Mme DE FRESNEL, effrayée.

Des armes!... un duel!

VAUDREUIL.

Madame!

JEAN, bas à Mme de Fresnel, montrant Vaudreuil.

J'étais là dedans... j'ai entendu... On croit que monsieur est le père de l'enfant!

Mme DE FRESNEL, à part.

Le père de l'enfant!.. (Haut.) Répondez-moi, Vaudreuil... quels sont vos projets?

VAUDREUIL.

Rien... Un pari... une gageure!

Mme DE FRESNEL.

Ah! vous me trompez!

JEAN, montrant M. de Kersaint, bas.

Il va se battre avec celui-ci pour la dame de tantôt.

Mme DE FRESNEL, à part.

Mme de Sauzay!

JEAN, bas, montrant Delannoy.

Puis, avec celui-là... pour la jeune personne...

Mme DE FRESNEL, à part.

Se peut-il?

JEAN, bas.

Puis, ils vont se battre tous les trois ensemble.

Mme DE FRESNEL, haut.

Messieurs, vous m'expliquerez...

JEAN, bas à Mme de Fresnel.

Voici la mère de l'enfant! (Il sort après que Mme de Sauzay est entrée.)

SCÈNE XVIII.
LES MÊMES, moins JEAN, Mme DE SAUZAY.

Mme DE SAUZAY.

J'étais sûre, messieurs, de vous trouver réunis. Monsieur Delannoy, d'après le beau mouvement d'indignation que vous avez fait éclater devant moi, j'ai cru devoir interroger Emma; ses ré-

ponses m'ont convaincue que vous êtes sans reproches.

DELANNOY, à M. de Kersaint, d'un air de triomphe.

Ah! monsieur, vous voyez bien!..

M. DE KERSAINT.

S'il en est ainsi, jeune homme... réparation d'honneur!

Mme DE SAUZAY.

Sans doute, je vous rends toute mon estime; vous avez acquis mon affection... mon amitié... (Transition.) Ma nièce épousera mon fils.

DELANNOY.

Grand Dieu!

VAUDREUIL.

Ah! tu vois bien!

DELANNOY, courant à Vaudreuil.

Mon ami!... qu'ai-je fait? Tire-moi de là!

VAUDREUIL.

Du tout, je ne m'en mêle plus!

Mme DE SAUZAY.

Vous faites bien, monsieur de Vaudreuil... car, quel que soit le service que vous avez rendu à mon fils...

M. DE KERSAINT.

Oui... aux dépens de sa mère!

Mme DE SAUZAY.

Comment!... Qu'est-ce donc?

VAUDREUIL.

Rien qui doive vous alarmer, ma cousine; car si M. de Kersaint ne l'avait pas pris avec moi sur un ton qui rendait toute explication impossible, je lui aurais prouvé sans peine que je ne pouvais être pour rien dans les méchans propos...

Mme DE SAUZAY.

Des propos!... sur moi!... Est-il possible?

M. DE KERSAINT.

Oui, madame!... et sur votre fils... qui passe pour le sien!

Mme DE SAUZAY.

Quelle horreur!... Ah! mes nerfs! (A Vaudreuil.) Monsieur, il faut que je sois justifiée...

VAUDREUIL, gaîment.

Est-ce à tout prix? me donnez-vous carte blanche?

Mme DE SAUZAY.

C'est odieux!... Quand il y va de ma réputation!...

VAUDREUIL..

Qui va reprendre tout son lustre, grace à un moyen bien simple... J'ai sur moi l'acte de naissance de votre fils... il a seize ans.

Mme DE SAUZAY, se laissant tomber dans un fauteuil.

Ah! je me trouve mal!

M. DE KERSAINT, voulant courir à elle.

Madame!...

VAUDREUIL, bas, l'arrêtant.

Soyez donc tranquille!... ça n'aura pas de suite. (A part.) Je connais la chère cousine. (Haut.) Il a seize ans... passés!...

Mme DE SAUZAY.

Je suffoque!...

VAUDREUIL.

Or, moi, j'en ai vingt-huit!...

Mme DE FRESNEL, riant.

Au fait!... ce pauvre Vaudreuil!...

M. DE KERSAINT.

Je conviens qu'à onze ans!... ça n'est pas vraisemblable!...

VAUDREUIL.

J'ai aussi mon acte de naissance... et si vous voulez, demain, je les fais imprimer tous deux dans le *Moniteur*.

Mme DE SAUZAY, se levant brusquement.

Non pas! non pas!... c'est inutile! ma renommée de vertu est trop bien établie pour que j'aie besoin de réfuter la médisance.

M. DE KERSAINT.

Mais, pourtant, madame... c'est ingénieux... le *Moniteur* !

Mme DE SAUZAY.

Monsieur de Kersaint, si vous reparlez jamais de toute cette affaire... vous pouvez, dès à présent, renoncer à ma main (Appuyant.) et à ma fortune!

M. DE KERSAINT, vivement.

Je ne renoncerai jamais à votre main!

DELANNOY, à Mme de Sauzay.

Bonne précaution, madame! s'il n'y avait pas eu tel autre témoin, qui n'a pas de raison pour se taire!...

Mme DE SAUZAY.

Vous oseriez!...

DELANNOY.

Écoutez donc!... A moins que la main d'Emma ne me ferme la bouche... gare à mes commentaires sur les actes de naissance!

Mme DE SAUZAY, lui mettant la main sur la bouche.

Finissez donc, mon neveu!

DELANNOY, lui baisant la main.

Que de bonté!

VAUDREUIL.

Enfin, vous voilà tous d'accord... ce n'est pas sans peine. (A Mme de Fresnel.) Me garderez-vous rancune?... Puis-je espérer que cette jolie main...

Mme DE FRESNEL.

Quand je verrai dans la vôtre le brevet de cette belle place qu'il vous faut...

VAUDREUIL.

Je resterai donc célibataire!... Vous savez que je ne puis me résoudre à demander pour moi.

ooooooooooooooooooooooooooooooooooooooooooooooooooooooooo

SCÈNE XIX.

LES MÊMES, JEAN, rentrant, un paquet cacheté
à la main.

JEAN, à Vaudreuil.

Une lettre pour monsieur...

VAUDREUIL, prenant la lettre.

Permettez-vous? (Regardant l'enveloppe.) Eh! c'est du ministère... (A Mme de Fresnel.) Une démarche que j'ai faite pour vous!...

Mme DE FRESNEL, étonnée.

Pour moi!...

DELANNOY, bas, à Mme de Fresnel.

C'est la réponse!... Je suis parvenu à le faire écrire...

VAUDREUIL, décachetant et lisant.

« Mon cher Vaudreuil, Mme de Fresnel et le » comte d'Hérouville nous avaient demandé pour » toi la recette générale qui est vacante... (Il s'ar- » rête étonné.) mais on voulait de ta part une dé- » marche officielle. Aujourd'hui, tu nous écris que » tu t'intéresses vivement à cette candidature... » nous en sommes charmés... Tu dis que le pos- » tulant est un homme probe et capable... un peu » paresseux, mais plein d'honneur et de loyauté! » Le ministre a reconnu que tout cela était parfai- » tement juste, et il t'a nommé... » (Il est stupéfait.)

TOUS.

Ah! ah! ah!

VAUDREUIL.

Moi!   (Les rires redoublent.)

JEAN.

Tiens!... il paraît que cette fois c'est pour vous!

VAUDREUIL.

Mais, oui!... Ah! si je l'avais su!... Jean, tu voulais une place... eh bien! je te nomme... garçon de caisse!

JEAN, transporté.

Je suis fonctionnaire!... je mangerai du budget!

VAUDREUIL, prenant la main de Delannoy et de
Mme de Fresnel.

Comment! vous vous étiez entendus pour me rendre service, pour m'enrichir... Eh bien! tenez, il faut que j'aie un bon caractère... car, vrai, je ne vous en veux pas!

Mme DE FRESNEL.

Est-ce bien sûr?

VAUDREUIL.

Oh! oui... quand je vois la récompense! (A Jean.) Jean, tu feras faire des lettres de faire part.

JEAN.

Monsieur, est-ce pour vous?

VAUDREUIL.

Oui, mon ami, c'est pour moi! (Baisant la main de Mme de Fresnel.) Et maintenant je ferai mes affaires moi-même.

FIN DE CARTE BLANCHE.

Paris. — Imprimerie de BOULÉ et Ce, rue Coq-Héron, 3.

FRANCE DRAMATIQUE

PIÈCES EN VERS

[illegible]

FRANCE DRAMATIQUE.

PIÈCES EN VENTE:

La Seconde Année.
L'Ecole des Vieillards.
L'ours et le Pacha.
Le Camarade de lit.
Le Mari et l'Amant.
Les Malheurs d'un Amant heureux.
Henri III et sa cour.
Un Duel sous le cardinal de Richelieu.
Calas, de Ducange.
Michel et Christine.
Le Mariage de raison.
L'Homme au Masque de fer.
La Jeune Femme colère.
L'Incendiaire.
La Vieille.
Le Jeune Mari.
La Demoiselle à marier.
Les Vêpres Siciliennes.
Le Budget d'un jeune ménage.
L'Auberge des Adrets.
Philippe.
La Dame Blanche.
Toujours.
Dix ans de la vie d'une femme.
Le Lorgnon.
Bertrand et Raton.
Une Faute.
Le ci-devant jeune homme.
Marie Mignot.
Pourquoi?
Richard D'Arlington.
La Chanoinesse.
Les Comédiens.
L'Héritière.
Léontine.
Le Gardien.
Dominique.
Le Philtre Champenois.
Le Chevreuil.
Le Charlatanisme.
Vert-Vert.
Bruels et Palaprat.
Une Fête de Néron.
Le Mariage extravagant.
Le Paysan perverti.
Pinto, en 5 actes.
La Carte à payer.
Le Mari de ma femme.
Les vieux Péchés.
Luxe et Indigence.
Zoé.
Louis XI.
Ninon chez madame de Sévigné.
Robin des Bois.
Marins.
Marie Stuart.
Les Rivaux d'eux-mêmes.
La famille Glinet.
Les Héritiers.
Jeanne d'Arc.
Les Maris sans femmes.
L'Assemblée de famille.
Mémoires d'un colonel de Hussards.
Le Paria.
Les Deux Maris.
Le Médisant.
La Passion secrète.
Rabelais.
Les Deux Gendres.
Estelle.
Trente Ans.
Le Pré-aux-Clercs.
La Poupée.
La Tour de Nesle.

Changement d'uniforme.
Une Présentation.
Madame Gibou et Madame Pochet.
Est-ce un rêve.
Fra Diavolo.
Robert-le-Diable.
Le Duel et le Déjeuné.
Zampa.
Avant, Pendant et Après.
Les Projets de mariage.
Un premier Amour.
Napoléon, ou Schœnbrunn et Ste-Hélène.
La Courte-Paille.
Le Hussard de Felsheim.
1760, ou les trois chapeaux.
Rigoletti.
Robert Macaire.
Frédégonde et Brunehaut.
Gustave III.
Elle est folle.
L'Abbé de l'Epée.
Un Fils.
Infortunes de M. Jovial.
M. Jovial.
Victorine.
Catherine, ou la croix d'or.
La Belle-mère et le gendre.
Heur et Malheur.
Il y a Seize ans.
L'Héroïne de Montpellier.
C'est encore du Bonheur.
La Mère au bal, et la Fille à la maison.
Jean.
Les Etourdis.
Valérie.
Faublas.
Picaros et Diégo.
La Démence de Charles VI.
Une Heure de Mariage.
Madame du Barry.
Le Chiffonnier.
Le Marquis de Brunoy.
Le Voyage à Dieppe.
Les Anglaises pour rire.
La Fille d'honneur.
Un Moment d'imprudence.
Le Dîner de Madelon.
Les Deux Ménages.
Le Bénéficiaire.
Les Malheurs d'un joli Garçon.
Robert, chef de Brigands.
Michel Perrin.
Une Journée à Versailles.
Le Barbier de Séville.
Les Cuisinières.
Le nouveau Pourceaugnac.
Marie.
Le Secrétaire et le Cuisinier.
Clotilde.
Le Bourgmestre de Saardam.
Le Roman.
Le Coin de rue, ou le Rempailleur de chaises.
Le Célibataire et l'homme marié.
La Maison en loterie.
Les Deux Anglais.
Le Mariage impossible.
La Ferme de Bondi.
Werther.
La Prison d'Edimbourg.
La première Affaire.
Famille de l'apothicaire.

Don Juan d'Autriche.
L'Enfant trouvé.
Le Poltron.
Le Facteur.
Misantropie et Repentir.
Le Châlet.
Perrinet Leclerc.
Moiroud et Compagnie.
Agamemnon.
Chacun de son côté.
Le Vagabond.
Thérèse.
Sans Tambour ni Trompette.
Marino Faliero.
Fanchon la Vielleuse.
Prosper et Vincent.
Glenarvon.
Le Conteur.
Le Caleb de Walter-Scott.
La Dame de Laval.
Carlin à Rome.
Les Deux Philibert.
Les Couturières.
Couvent de Tonnington.
Le Landau.
Une famille au temps de Luther.
Les Poletais.
Honorine.
Angeline.
La Princesse Aurélie.
Les Petites Danaïdes.
Sophie Arnould.
Un mari charmant.
Les deux Frères.
Madame Lavalette.
La Pie voleuse.
La Famille improvisée.
Les Frères à l'épreuve.
Le marquis de Carabas.
La Belle Ecaillère.
Les Deux Jaloux.
La Laitière de Montfermeil.
Les Bonnes d'Enfans.
Farruck le Maure.
Monsieur Sans-Gêne.
Madame de Sévigné.
M. Chapolard.
La Camargo.
Préville et Taconnet.
Le Bourru bienfaisant.
La Fille de Dominique.
Le Philosophe sans le savoir.
Rossignol.
Deux vieux Garçons.
La jeunesse du duc de Richelieu.
Le Père de la Débutante.
L'Avoué et le Normand.
La Juive.
Un Page du Régent.
Les Indépendants.
Les Huguenots.
Mal noté dans le quartier.
L'Idiote, dr. en 4 actes.
Suzette.
Guillaume Colmann, dr. en 5 actes.
Les Deux Edmond.
Le Serment de Collège.
La Vie de Garçon.
La Camaraderie.
Le Commis-Voyageur.
La Liste de mes Maîtresses.
Alix, ou les Deux mères.
99 Moutons et un Champenois.

Harnali, *parodie.*
Un Ange au 6e étage.
Frascati, vaud. en 3 act.
La Cocarde tricolore.
La Muette de Portici.
La Foire Saint-Laurent.
Clermont.
Le Pioupiou, v. en 3 act.
Le Perruquier de la Régence.
Le Chevalier du Temple.
Le Mariage d'argent.
Le Camp des Croisés avec préface et *Lettre de V. Hugo* à l'auteur.
Mademoiselle d'Aloigni.
Une vision, ou le Sculpteur.
Le Bourgeois de Gand.
Le Pauvre Idiot, d 5 act.
Louise de Lignerolles, drame en 3 actes.
L'Homme de soixante ans.
Marguerite.
La Belle-Sœur.
Céline la Créole, ou l'opinion, dr. en 5 actes.
Mlle Bernard, ou l'autorité paternelle.
Précepteur à vingt ans.
Madame Grégoire.
La Cachucha.
Samuel le marchand, dr. en 5 actes.
Guillaume Tell, op. 4 a.
Henri Hamelin, dr. 5 act.
Un testament de dragon.
Le Ménestrel. com. 5 a.
Les Bayadères de Pithiviers, vaud. en 3 tab.
Peau d'âne, en 5 a.
L'ouverture de la Chasse.
La Vie de Château.
L'Obstacle imprévu.
Richard Savage, dr. 5 a.
Le Grand-Papa Guérin.
Le Général et le Jésuite, drame en 5 actes.
La Boulangère a des écus.
Don Sébastien de Portugal, trag. en 5 actes.
C'est Monsieur qui paie.
Mademoiselle Clairon.
Ruy-Brac, parodie de Ruy-Blas.
Une Position délicate.
Randal, dr. en 5 actes.
L'Enfant de Giberne.
Sept Heures.
Un bal de Grisettes.
Candinot, Roi de Rouen.
Françoise et Francesca.
La Mantille.
Les Trois Gobe-mouches.
Le Postillon franc-comtois.
Mademoiselle Nichon.
Dagobert.
Les Maris Vengés.
Une Sainte-Hubert.
La Fille d'un Voleur.
Les Serments.
Le Planteur.
Jaspin, com.-vaud.
Le Père Pascal.
Nanon, Ninon et Mantenon.
Phœbus.
Camarades du ministre.
Vingt-six ans.
La Canaille.
L'Eclair.

L'intérieur des Comités Révolutionnaires.
La Laitière de la Forêt.
Bobèche et Galimafré.
La Femme Jalouse.
Le Panier Fleuri.
Le Protégé.
Le Diamant.
Les Treize.
Le Naufrage de la Méduse.
L'Eau Merveilleuse.
Geneviève la Blonde.
Industriels et Industrieux.
Le Pied de mouton.
La Grande Dame.
Passé Minuit.
Le Susceptible.
Le Pacte de Famine.
Le Tribut des Cent-Vierges.
Isabelle de Montréal.
Une Visite Nocturne.
Madame de Brienne.
Les Brodequins de Lise.
Valentine.
La Bourbonnaise.
Mlle Desgarcins.
Un Ménage parisien.
Passé midi.
Les Trois quartiers.
La Nuit du Meurtre, 5 a.
La Fiancée.
Les Ouvriers.
Un jeune homme charmant.
L'Elève de Saumur.
Carte blanche.